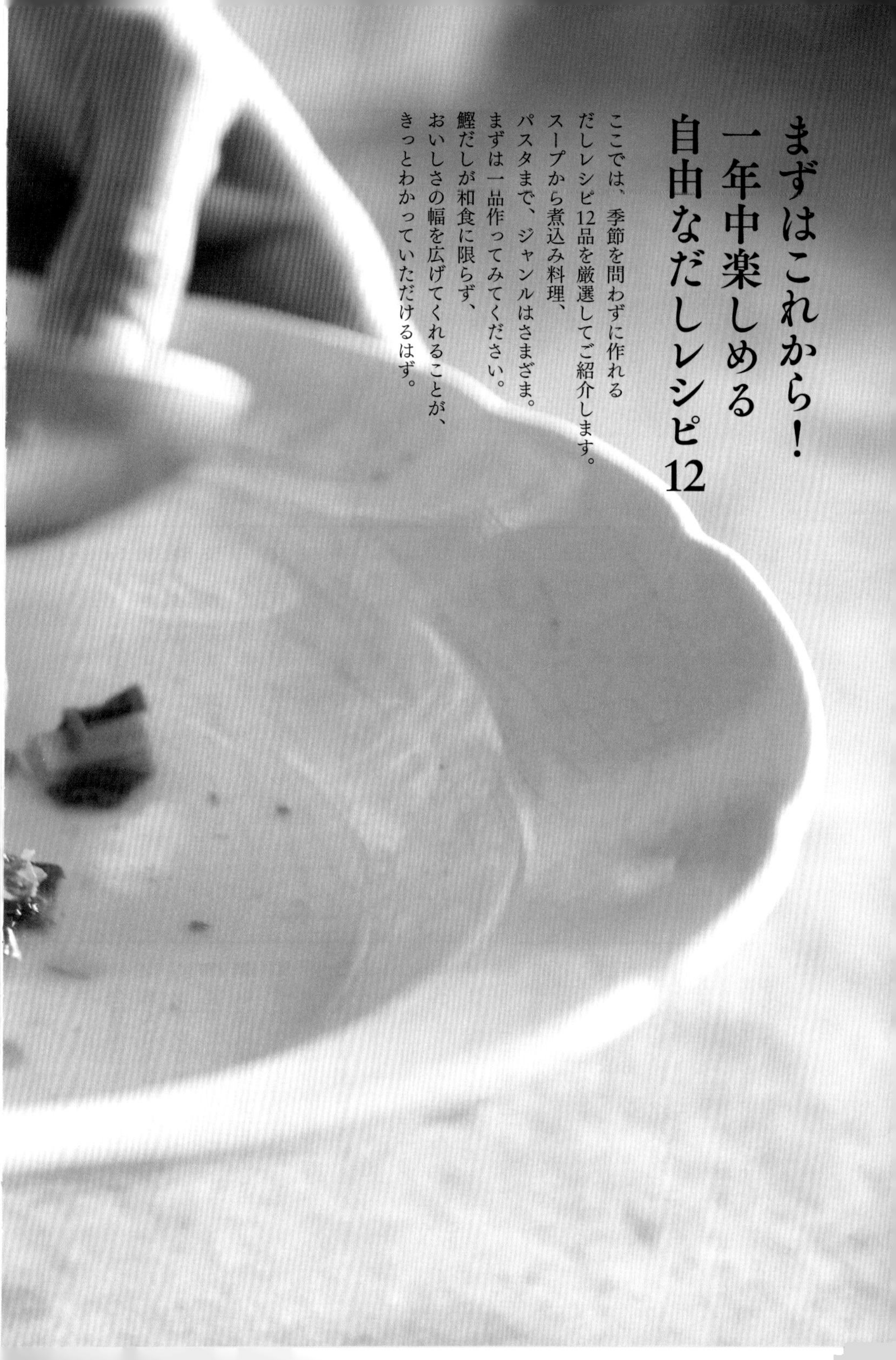

まずはこれから！一年中楽しめる自由なだしレシピ12

ここでは、季節を問わずに作れる
だしレシピ12品を厳選してご紹介します。
スープから煮込み料理、
パスタまで、ジャンルはさまざま。
まずは一品作ってみてください。
鰹だしが和食に限らず、
おいしさの幅を広げてくれることが、
きっとわかっていただけるはず。

軽やかに クリーミー

きのこと鰹だしのうま味が重なり合ったところに、にんにくやセージ、ケーパーが味に奥行きを出しているクリームパスタ。やわらかな香りと上品な味が特徴の「鰹 枯節」は、料理をまとめる役割の生クリームとよく合います。

だしクリームパスタ

材料（2人分）
鰹だし（枯節）… 大さじ3
パスタ … 140g
きのこ類（しいたけ、しめじ、まいたけなど／一口大に切る）
… 合わせて200g
にんにく（つぶして芯を取る）…1片
セージ … 4～5枚
ケーパー … 5g
白ワイン … 大さじ1
生クリーム … 大さじ4
EXVオリーブ油 … 大さじ1½
塩 … 適量

1 パスタは塩を入れた熱湯で袋の表示どおりにゆでる。
2 フライパンにEXVオリーブ油とにんにく、セージを入れて弱火にかけ、香りが立ったら、きのこ類を加えて中火にして焼く。
3 ケーパーを加えてざっと混ぜ、塩小さじ⅓、白ワイン、鰹だし、生クリームを順に加え、そのつど1～2分加熱する。味をみて、足りないようなら塩ひとつまみで味を調える。
4 1のパスタを水けをきって加え、全体をからめる。

Point

- きのこ類の水分を残してプリプリの食感に仕上げるコツは、あまりいじらず、焼きつけるように火を通すこと。
- パスタは1%の塩を入れた湯でゆでる。2ℓに大さじ1⅓（20g）が目安。

おもてなし料理としても◎

イタリアやフランスでよく見かけるビネガー煮込みを、鰹だしを使うことでよりやさしい風味にアレンジ。加熱するとビネガーの酸味はまろやかになり、うま味が引き出されます。鶏肉が柔らかく仕上がる効果も。

チキンのビネガーだし煮込み

材料（2人分）
鰹だし（枯節）… 250mℓ
鶏もも肉（半分に切る）… 2枚 ⇒塩少々をふる
マッシュルーム（四つ割り）… 10個
白ワインビネガー … 大さじ2
ローリエ … 1枚
塩 … 適量
EXVオリーブ油 … 大さじ1

1 フライパンにEXVオリーブ油を入れて中火にかけ、鶏肉を皮目から入れて両面に焼き色をつける。フライパンの余分な脂を拭き取り、白ワインビネガーを加えて2〜3分煮る。
2 鍋に汁ごと移し入れ、鰹だしとマッシュルーム、ローリエを加えて火にかける。沸いたらアクを取り、弱火にしてふたをずらし、30分煮込む。
3 塩で味を調える。

Point

- 水分はマッシュルームから出る水分とだし、ビネガーのみ。
  少なめの水分で煮ることで、鶏肉のうま味が抜けすぎずおいしく仕上がる。
- ご飯にかけてもおいしい。
- 鶏もも肉をタラやカジキマグロ、豚肉に替えてもOK。

いわば インドのお味噌汁

意外かもしれませんが、じつはスパイスと鰹だしは相性抜群。カレーうどんを思い出してみてください。スパイスの香りは、鰹だしの存在感を際立たせてくれるのです。ノンオイルだから冷やしても油が固まらず、さらっといただけます。

レンズ豆のだしスープ

材料（2 ～ 3 人分）
鰹だし（枯節）… 500mℓ
レンズ豆（皮なし）… 100g ⇒洗って水けをきる
玉ねぎ（薄切りにしてから粗くきざむ）… ¼個
青唐辛子（小口切り）… 1 本
A | シナモンスティック … ½本
　| マスタードシード … 小さじ¼
　| ターメリックパウダー … 小さじ¼
　| 塩 … 小さじ⅓
チリペッパー … 適宜

1 鰹だしとレンズ豆、玉ねぎ、青唐辛子、A を鍋に入れ、中火にかける。沸騰したら弱火にし、5 分煮てからふたをして 10 分煮る。火を止めて 5 分蒸らす。
2 シナモンスティックを取り除き、粗熱が取れたらミキサーで撹拌する。鍋に戻して温め、好みでチリペッパーをふる。

Point

- 1 でトマトやピーマン、なすなどの夏野菜を、小さく切って加えてもおいしい。
- ハンドブレンダーを使っても OK。
- 最後にミキサーで撹拌せず、そのままいただくのもおすすめ。
- シナモンスティックはシナモンパウダー少々で代用可。マスタードシードはなくても OK。
- 子ども用には、青唐辛子を抜いても。

和食の献立にも しっくり馴染む

中華の人気メニューも、鰹だしを使えば簡単にできます。ほどよくスパイシーでありながら、毎日の食卓に合うやさしい味わいに。ひき肉、トマトのうま味と酸味、「鰹 荒節」のコクが重なり合い、ご飯がすすむこと必至！

麻婆トマトだし豆腐

材料（2人分）
鰹だし（荒節）… 300mℓ
木綿豆腐（1.5cm 角に切る）… 1 丁（約300g）
⇒塩ひとつまみを加えた熱湯で 5 分ゆでて、ざるに上げる
合いびき肉 … 120g
トマト（大きめの乱切り）… 中 1 個
豆板醤 … 小さじ 2
A 長ねぎ（みじん切り）… 15cm（約30g）
しょうが（みじん切り）… 1 片
にんにく（みじん切り）… 1 片
豆豉（粗いみじん切り）… 小さじ 1（約5g）
あれば花椒（ホール）… 小さじ½
B 甜麺醤 … 小さじ 1
紹興酒（酒でも可）… 大さじ 2
砂糖 … 小さじ 1
油 … 大さじ 1
醤油 … 小さじ 2
水溶き片栗粉（片栗粉大さじ 1 + 水大さじ 1½）

1 鍋に油と豆板醤を入れて中火で炒める。香りが立ったら合いびき肉を加えて焼きつける。
2 A を加えて炒め、混ざったら B を加えて 2 〜 3 分煮る。鰹だし、豆腐、トマト、砂糖を加えてさらに 5 〜 6 分煮る。
3 醤油で味を調える。水溶き片栗粉を加えながら混ぜ、とろみをつける。

Point

- 甜麺醤がなければ、砂糖少々を加えた赤味噌で代用を。
- 豆豉がなければ醤油の量を増やして。
- なすや春雨、納豆を加えたり、仕上げにきざんだ細ねぎをかけたりしてもおいしい。
- 残ったら卵とじにしても。

華やかな
クイックメニュー

パエリアは、じつはフライパンひとつでできる手軽なメニュー。面倒なのは数種類の魚介の準備ですが、鰹だしのうま味を活用すれば、鶏肉とパクチーだけで十分。油を使う料理には、力強いうま味とコクを持つ「鰹 荒節」がよく合います。

だしパエリア

材料（2～3人分）
鰹だし（荒節）… 300mℓ　⇒ 温める
米 … 1½合（270mℓ）　⇒ といでざるに上げる
鶏もも骨付き肉（ぶつ切り）… 500g　⇒ 塩小さじ1をもみ込んで15分置く
パクチー（葉を摘み、茎と根をみじん切り）… 3～4株（約20g）
玉ねぎ（みじん切り）… ¼個
白ワイン … 50mℓ
EXVオリーブ油 … 大さじ1½
塩 … 小さじ½
レモン（乱切り）… 適宜

1 フライパンにEXVオリーブ油大さじ½を熱し、水けを拭いた鶏肉を入れて表面を中火で色よく焼き、いったん取り出す。
2 油を拭き取り、残りのEXVオリーブ油を入れ、パクチーの茎と根、玉ねぎを入れて炒める。
3 玉ねぎが透き通ってきたら米を加えて炒め合わせ、白ワインを加えて煮立たせてから、温かい鰹だしと塩を加える。上に1の鶏肉をのせる。
4 しばらくして米の表面が見えてきたらふたをし、弱火で10～15分炊く。火を止め、10分蒸らす。パクチーの葉を散らし、好みでレモンを絞りかける。

Point

- 鶏肉は下味をしっかりつけることで、ジューシーになる。
- 鶏肉の代わりに白身魚やエビを使ってもおいしい。
- フライパンのふたがなければ、アルミホイルをかぶせて。パエリアパンを使っても。
- フライパンの直径によって、水分の蒸発量が変わる。
  レシピどおりの時間で炊き上げるには、直径22cm程度のフライパンを使用して。

疲れたときこそ食べたくなる

モロッコのハリラは、ラマダン（断食）明けにも必ず食べる、栄養満点のスパイススープ。「鰹 荒節」で作ってみたら、豆と野菜のだしが溶け込んで、えも言われぬおいしさに。ご飯が入っているので、腹もちもばっちり。

だしで作るモロッコスープ

材料（2～3人分）

鰹だし（荒節）… 500mℓ
玉ねぎ（みじん切り）… ½個
セロリ（みじん切り）… 10cm
トマト（湯むきしてざく切り）… 1個
A | クミンパウダー … 小さじ½
ターメリックパウダー … 小さじ¼
パプリカパウダー … 小さじ¼
しょうが（すりおろす）… 1片
B | ズッキーニ（5mm角に切る）… 1本
レンズ豆（皮なし）… 30g ⇒洗って水けをきる
ご飯 … 30g ⇒洗ってざるに上げる
パクチー（みじん切り）… 2株（約10g）
イタリアンパセリ（みじん切り）… 1パック（約10g）
EXVオリーブ油 … 大さじ1強
塩 … 適量

1 鍋にEXVオリーブ油を入れて中火で熱し、玉ねぎとセロリ、塩ひとつまみを入れて混ぜ、ふたをして弱火にする。ときどきふたを開けて混ぜながら、しんなりして透き通るまで蒸らす。
2 Aを加えて炒めてから、トマトを加えてふたをする。ときどき混ぜながら、トマトが煮くずれるまで10分煮る。
3 Bとイタリアンパセリ（飾り用に少し残す）、鰹だしを加えて中火にする。沸いたらアクを取って弱火にし、ふたをずらしてのせ、30～40分煮る。塩で味を調えて器に盛り、残しておいたイタリアンパセリを飾る。好みでチリレモンバターをかける。

［**チリレモンバター**］
バター20gを溶かし、レモン汁10mℓとチリペッパーひとつまみを加えて混ぜる。

Point

• レンズ豆は水で戻さなくてもすぐに使えるので、常備しておくと便利。

春うらら、だし香る。鰹だし、さらさら、夏。

春野菜のやさしい甘みを引き出すだしは、春の楽しみ。そしてキーンと冷やしただしも、夏ならではのおいしさ。季節ごとのだし料理の味わい方があるのです。

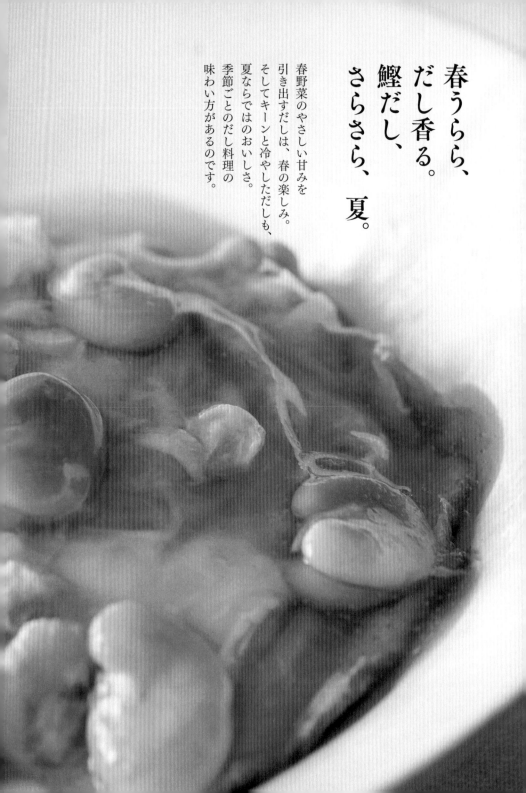

Spring & Summer

やさしい甘みを
だしで引き出す

みずみずしい新玉ねぎを、バターと一緒にじっくり蒸し煮にします。鰹だしでのばすだけでおいしいポタージュのでき上がり！「鰹 枯節」の繊細な風味が新玉ねぎのやさしい甘さを引き立てて、誰もがほっとするような味わいです。

新玉ねぎのだしポタージュ

材料（2 ～ 3 人分）
鰹だし（枯節）… 300mℓ
新玉ねぎ（2cm 大に切る）… 2 個
バター … 20g
塩 … 適量

1 新玉ねぎは厚手の鍋に入れて塩ひとつまみをふり、かるく混ぜる。バターをちぎって散らし、ふたをして弱火にかけ、ときどきかき混ぜながら 25 分蒸し煮にする。
2 鰹だしを加え、ふたをずらしてのせ、10 分煮る。粗熱が取れたらミキサーで撹拌する。
3 鍋に戻して温め、塩で味を調える。好みでパセリオイルをかける。

［**パセリオイル**］
パセリのみじん切り少々に、EXVオリーブ油をひたひたに注いで混ぜる。

Point

- 仕上げにパセリオイルを垂らすとさらにおいしい。
- 朝昼晩、和洋中、どんな献立にも合わせやすい。
- ハンドブレンダーを使っても OK。

うま味がダブルのスープに卵がとろーり

ほろ苦い菜の花とまろやかなポーチドエッグは、相性のいい組み合わせ。「鰹 荒節」とベーコンの燻香があいまって、ほどよくパンチの効いた味になります。パンを添えれば、ランチや軽い夕食としても満足のボリューム。

菜の花とポーチドエッグの
だしスープ

材料（2 人分）
鰹だし（荒節）… 500mℓ
菜の花（2cm 長さに切る）… 6 本（約 100g）
ベーコン（5mm 角に切る）… 30g
新じゃがいも … 1 個　⇒ 皮をむいて 1cm 角に切り、水にさらして水けをきる
卵 … 2 個
EXVオリーブ油、塩 … 各適量

1　ポーチドエッグを作る。鍋に湯を沸かし、湯の 4%の酢（分量外）を入れ、沸いたらかき混ぜる。渦の中に卵 1 個を割り入れ、箸で白身をまとめながら 2 ～ 3 分加熱し、白身が固まったら取り出す。残りの卵も同様にする。
2　鍋に EXVオリーブ油大さじ½を中火で熱し、ベーコンと新じゃがいもを炒め、全体に油がまわったら、鰹だしを加える。煮立ったらアクを取り、ふたをずらしてのせ、弱火で 20 分煮る。
3　菜の花を加えて 1 分煮たら、塩で味を調える。器に盛って 1 をのせ、好みで EXVオリーブ油をかける。

Point

- 好みでパルミジャーノ・レッジャーノをかけてもおいしい。
- 菜の花の代わりに、スナップえんどうでも OK。
- 酢は湯 1ℓ に大さじ 2⅔（40mℓ）が目安。

多めに作り置きしたくなる

鶏むね肉はじっくり時間をかけて加熱すると、しっとりジューシーな仕上がりに。鰹だしを入れた漬け汁がドレッシングとなって、野菜がたっぷり食べられます。麺にのせたり、パンに挟んだりとアレンジしやすいのもうれしい。

鶏の焼き漬けだしサラダ

材料（2 〜 3 人分）
鰹だし（荒節）… 200mℓ
鶏むね肉 … 1 枚
玉ねぎ（繊維にそって薄切り）… ½個
⇒水に 10 分さらして水けをよくきる
A ｜薄口醤油、酢、みりん … 各大さじ 2
｜赤唐辛子（種を取る）… 1 本
｜砂糖 … 小さじ 1
油 … 少々
好みの野菜（レタス、ミント、ディルなど）… 適量

1 鰹だしと A を鍋に入れて火にかけ、ひと煮立ちさせる。
2 玉ねぎをボウルに入れ、1 を注いで冷ます。
3 フライパンに油を弱火で熱し、鶏肉を皮目を下にして入れ、なるべく動かさずに 20 〜 25 分焼く。焼き色がついたら裏返し、さらに 5 〜 8 分焼いてから 2 に 1 時間以上漬ける。
4 盛りつける直前に食べやすく切り、器に盛って好みの野菜を添え、漬け汁をかける。

Point

- 鶏肉のサイズによって火が通る時間が異なるため、心配な場合は裏返したあとにふたをするとよい。
- 漬けてから2日ほど保存可能。
- 季節の葉野菜や、ゆでたスナップえんどう、菜の花、そら豆もよく合う。

じつは簡単に作れるおしゃれメニュー

アルデンテの食感は、米を洗わずに炒めてから、温かいだしを少しずつ加えながら中火で煮るのがコツ。春野菜のやさしい甘みを、「鰹 枯節」の上品な風味が引き立てます。鰹だしと好相性のチーズを使うことでまろやかな味わいに。

アスパラガスのだしリゾット

材料（1～2人分）
鰹だし（枯節）… 550mℓ　⇒温める
グリーンアスパラガス … 4本
⇒根元の堅い部分を切り落とし、下⅓ほどの皮を薄くむき、2cm長さに切る
米 … ½合（90mℓ）
パルミジャーノ・レッジャーノ（すりおろす）… 20g
バター … 20g
塩 … ふたつまみ
粗びき黒こしょう … 少々

1 フライパンにバターを入れて中火で溶かし、米を入れて炒める。米が透き通ってきたら塩をふり、温かい鰹だしを米がひたひたになるくらいまで注ぎ、かるく混ぜて煮る。
2 米の表面が出てきたら、温かい鰹だしを同様に注ぎ、かるく混ぜて煮るという工程を5分繰り返す。
3 アスパラガスと残りの鰹だしを加えて混ぜ、10分煮る。
4 米がほどよい堅さになったら火を止め、パルミジャーノ・レッジャーノを加えて混ぜる。
5 器に盛り、黒こしょうをふる。

Point

・アスパラガスの代わりにそら豆やスナップえんどう、ブロッコリーなどでもおいしい。
・かき混ぜすぎると粘りが出てしまうので注意して。

だしで簡単、華やかフレンチ

フランス語で「かるい煮込み」を意味するブレゼ。通常は手間がかかるフィッシュストックを使いますが、代わりに「鰹荒節」を使えば手軽で簡単！鰹だしと相性のいいバターやタイムを合わせたら、驚くほど本格的なおいしさに。

グリーンピースと
サワラのだしブレゼ

材料（2人分）
鰹だし（荒節）… 200mℓ
サワラ … 2切れ ⇒塩小さじ½強をふって15分置く
新玉ねぎ（6等分のくし形切り）… ½個
グリーンピース … 正味100g
タイム … 5枝
酒 … 50mℓ
バター … 20g
小麦粉 … 適量
EXVオリーブ油 … 大さじ1
塩 … 適量

1 サワラは水けを拭き、小麦粉を薄くまぶす。
2 フライパンにEXVオリーブ油を中火にかけ、1を入れて焼き色がつくまで両面を焼く。
3 鍋に新玉ねぎ、グリーンピース、酒、鰹だしを入れ、タイムを並べてのせる。その上に2をのせ、バターをちぎって散らし、中火にかける。沸騰したら弱火にし、ふたをして8分煮て、火を止めて2分蒸らす。塩で味を調える。

Point
・サワラをほかの白身魚や鶏肉、アサリ、ホタテなどに替えてもOK。

やさしい味のあっさり中華

そら豆の甘みを牛乳入りのフワフワの卵でやさしく包み、「鰹 枯節」で作った上品なあんをかけて。ささっと作れるので、昼ごはんやひとりごはんのほか、酒席の〆にもおすすめです。季節に合わせて、そら豆を旬の素材に替えてアレンジを。

そら豆のだし天津飯

材料（1人分）
鰹だし（枯節）… 150mℓ
そら豆（さやから出す）… 4本
長ねぎ（縦半分に切ってから横に薄切り）… 5cm
卵 … 2個
塩 … ひとつまみ
牛乳 … 大さじ½
A｜みりん … 大さじ1
｜薄口醤油 … 大さじ½
｜ごま油 … 小さじ⅔
｜塩 … 少々
油 … 大さじ1
ごま油 … 大さじ½
水溶き片栗粉（片栗粉大さじ½＋水大さじ1）
ご飯 … どんぶり1杯分

1 そら豆は熱湯で2分ゆでてざるに上げ、粗熱が取れたら薄皮をむく。
2 ボウルに卵を溶きほぐして、塩と牛乳を加えて混ぜ、1と長ねぎを加える。
3 中華鍋（またはフライパン）に油とごま油を入れ、鍋から煙が上がるまで加熱する。2を一気に入れ、へらでかき混ぜながら半熟より少し固めに焼き上げる。
4 ご飯を器に盛り、3をのせる。
5 鍋に鰹だしとAを入れ、中火にかける。煮立ったら水溶き片栗粉を加えて混ぜ、とろみがついたら4にかける。

Point

- フライパンよりも中華鍋のほうが高温で焼けるので、きれいに仕上がる。中華鍋を使う場合は、油ならしを忘れずに。
- あんのとろみづけに、片栗粉の代わりにくず粉を使うと風味がいい。

洗練された
大人っぽい味わい

ロールキャベツを春キャベツで作る場合、コンソメやクリームソースではなく鰹だしを使うことで、その柔らかさと強い甘みが生きてきます。鰹だしと相性がいいトマトを加えて、あっさりしながらもコクが感じられるおいしさに。

だしロールキャベツ

材料（8 個分）

鰹だし（荒節）… 800mℓ
キャベツ（芯をくりぬく）… 1 個
合いびき肉 … 400g
玉ねぎ（みじん切り）… 1 個
バター … 25g
パン粉 … 8g ⇒牛乳大さじ3を混ぜる
卵（溶きほぐす）… 1 個

A | 薄口醤油 … 大さじ 2
　| みりん … 大さじ 2
　| トマトピューレ … 大さじ 3

ミニトマト（半分に切る）… 8 個
パルミジャーノ・レッジャーノ … 適量
塩 … 小さじ 1 弱
EXVオリーブ油 … 適量

1 キャベツ全体が入る鍋に湯を沸かす。キャベツを芯のほうを上にして入れ、軸が柔らかくなるまでゆで、ざるに上げる。粗熱が取れたら、葉を 1 枚ずつはがして水けを拭く。軸の厚い部分は薄くそぎ取り、そぎ取った部分はみじん切りにする。
2 フライパンにバターを入れて中火にかけ、玉ねぎを入れ、しんなりして透き通るまでじっくり炒める。バットに取り出し、粗熱を取る。
3 ボウルにひき肉と塩、パン粉、溶き卵を入れて練る。2 と 1 のキャベツの軸のみじん切りを加えて混ぜ、冷蔵庫で 30 分休ませる。
4 8 等分にして丸め、キャベツの葉の小さいもので包む。さらに大きい葉を重ねて包み、巻き終わりを下にして、鍋にぴったりと隙間なく詰める。
5 鰹だしと A を加えて中火にかけ、沸騰したら落としぶたをして弱火で 40 分煮る。ミニトマトを加え、さらに 20 〜 30 分煮る。器に盛り、パルミジャーノ・レッジャーノをすりおろしながらふり、EXVオリーブ油をまわしかける。

Point

- 煮くずれが心配なら、巻き終わりをつま楊枝で留めるとよい。
- 鍋に隙間があれば、余ったキャベツを詰めて隙間を埋めると煮くずれしにくい。
- 肉だねはよく冷やしておくことで味が馴染み、
  肉汁が流れ出ることなくジューシーに仕上がる。
- トマトピューレをトマトケチャップに替えると、子どもが喜ぶ甘みの強い味に。

春の味覚を
ひと皿に
詰め込んで

ふきに鰹だしをたっぷり吸わせ、ピリリと辛い実山椒をアクセントに加えたピラフ。ＥＸＶオリーブ油をまとわせてパラリと仕上げた米が、口の中でほろりとくずれます。木の芽を添えれば、季節感満載の一品に。

チキンとふきの山椒だしピラフ

材料（3～4人分）
鰹だし（荒節）… 420mℓ ⇒温める
鶏もも肉（一口大に切る）… 200g ⇒塩ひとつまみと酒小さじ½をもみ込む
ふき（大さじ2の塩で板ずりをする）… 1本（約100g）
実山椒 … 大さじ1（約5g）
米 … 2合（360mℓ）
塩 … 小さじ1
EXVオリーブ油 … 大さじ1½
あれば木の芽 … 適宜

1 ふきは鍋に入る長さに切り、熱湯で2分ゆで、冷水にとる。皮をむいて2～3cm幅に切り、水にさらす。
2 鍋にEXVオリーブ油大さじ1を入れて中火にかけ、鶏肉を炒め、色が変わったら取り出す。
3 鍋に残りのEXVオリーブ油を加えて米を炒め、水けをきったふきと実山椒を加え、鶏肉を戻し入れる。温かい鰹だしと塩を加え、ふたをする。
4 沸騰したら弱火にし、13分炊く。火を止めて10分蒸らして混ぜ、器に盛って、あれば木の芽を散らす。

Point

- 実山椒は塩漬けでもOK。
- 温かいだしで炊くことで、パラリとした食感に仕上がる。

イタリアの郷土料理をだしでさっぱり

ポルペッティとは、イタリアの肉だんごのこと。白ワインと鰹だしで煮込み、仕上げにバターの風味をプラスします。うま味たっぷりのスープを吸ったじゃがいもと肉だんごはごちそう。大皿でサーブしても素敵です。

三つ葉のだしポルペッティ

材料（2 〜 3 人分）
鰹だし（枯節）… 300mℓ
豚ひき肉 … 250g
パン粉 … 10g ⇒ 牛乳 50mℓ を混ぜる
A | あればフェンネルシード … 小さじ ¼
　レモンの皮（国産／すりおろす）… ½ 個分
　玉ねぎ（みじん切り）… ⅙ 個
B | じゃがいも（2cm 角に切る）… 小 1 個
　にんにく（半分に切って芯を取る）… 1 片
　赤唐辛子（種を取る） … ½ 本
白ワイン … 80mℓ
バター（細かく切る）… 15g
三つ葉（みじん切り）… 1 わ
オリーブ油 … 大さじ 1
塩 … 適量

1 ひき肉はボウルに入れ、塩小さじ ⅓ 弱を加えてよく練る。
2 パン粉と A を上から順に加えてそのつど混ぜ、12 等分にして丸める。
3 深さのあるフライパンにオリーブ油を入れて中火にかけ、2 を入れて表面を焼く。
4 余分な脂を拭き取り、白ワインを加えて 2 〜 3 分煮る。鰹だしと B を加え、ふたをして弱火にし、15 分煮る。
5 バターを加えて混ぜ、塩で味を調え、三つ葉を散らす。

Point

・フェンネルシードは仕上げの三つ葉と同じセリ科のスパイスなので、
入れると味がまとまる。

白の
グラデーションが
美しい

みずみずしい新玉ねぎを丸ごと一個炊き込みます。ふんわり香る鰹だしとマッシュルームの香り、新玉ねぎの甘さがあとを引くおいしさで、どこか洋風の雰囲気も。鍋ごと食卓に出せば、おもてなしの演出としても盛り上がるはず！

新玉ねぎのだし炊き込みご飯

材料（4人分）
鰹だし（荒節）… 330mℓ　⇒冷ます
米 … 2合（360mℓ）⇒といでざるに上げる
新玉ねぎ（縦半分に切る）… 1個
ホワイトマッシュルーム（みじん切り）… 8個
酒 … 大さじ1
EXVオリーブ油 … 大さじ½
塩 … 適量
パルミジャーノ・レッジャーノ（すりおろす）… 適宜
粗びき黒こしょう … 適宜

1　米は炊飯器または鍋に入れ、鰹だしと酒を加えて30分置く。
2　塩小さじ½を加えて混ぜ、マッシュルームと新玉ねぎをのせ、新玉ねぎにEXVオリーブ油と塩少々をふる。
3　普通に炊いて（鍋の場合はふたをして強火にかけ、煮立ったら弱火にして10～15分炊く）10分蒸らし、玉ねぎをくずしながら混ぜる。器に盛り、パルミジャーノ・レッジャーノや黒こしょうをふる。

Point

- マッシュルームはなるべく細かいみじん切りにするとおいしい。
- 新玉ねぎは半分に切って入れることで、芯まで火が通り、甘みが引き出される。

ビーフンに鰹だしをたっぷり吸わせて

パパッと作れるビーフンは、忙しい主婦の味方。アサリのうま味や春キャベツの甘みを「鰹枯節」がまとめて、調和のとれた一品に。隠し味の花椒が効いた大人の味わいで、おかずにしても晩酌の〆にしても、喜んでもらえるはず。

春キャベツとアサリの
だし焼きビーフン

材料（2人分）
鰹だし（枯節）… 160mℓ
ビーフン … 70g ⇒熱湯にさっとくぐらせ、ざるに上げる
春キャベツ（一口大に切る）… 80g（約⅙個）
アサリ（殻つき）… 200g ⇒砂抜きをして洗い、水けをきる
A 長ねぎ（みじん切り）… 10cm
　しょうが（みじん切り）… 1片
　花椒（ホール）… 小さじ½
油 … 大さじ1
酒 … 大さじ3
醤油 … 小さじ2
ごま油 … 大さじ½

1 フライパンに油とAを入れ、弱火にかける。香りが立ったらアサリを加え、中火で2〜3分炒めて酒を加える。
2 アサリの口が開いたら、春キャベツを加えてさっと炒める。鰹だしと醤油、ビーフンを加え、水分がなくなるまで、混ぜながら5分炒める。
3 ごま油をまわしかけ、火からおろして全体を混ぜる。

Point

- いただく際に、黒酢をかけて味変しても。
- アサリの代わりに豚肉でアレンジする場合は、仕上げに塩で味を調える。
- 豚ひき肉を使うとビーフンにからんでおいしい。

だしのうま味を堪能できるワンプレート

「鰹 荒節」とドライトマトやグリーンオリーブを炊き込んだ、うま味たっぷりのピラフ。豚肉や野菜のソテーを添えれば、豪華なワンプレートのでき上がり。鰹だしでさらりと仕上げたハーブソースに、軽やかな春らしさを感じます。

だしピラフとポークソテーの
ハーブソース

材料（3 〜 4 人分）

鰹だし（荒節）… 440mℓ

米 … 2 合（360mℓ） ⇒といでざるに上げる

豚ロース肉（とんかつ用）… 3 〜 4 枚 ⇒筋を切り、両面に塩をかるくふる

グリーンアスパラガス … 8 本

⇒根元の堅い部分を切り落とし、下⅓ほどの皮を薄くむき、食べやすく切る

A | ドライトマト（細かく切る）… 2 枚（約8g）
グリーンオリーブ（種抜き／みじん切り）… 2〜3 個（約15g）
塩 … 小さじ⅓弱

塩、EXV オリーブ油 … 各適量

［ハーブソース］ ⇒ 混ぜる

鰹だし（荒節）… 大さじ 1

レモン汁 … 大さじ 1

EXVオリーブ油 … 大さじ 2

パクチー（みじん切り）… 4 株（約 20g）

玉ねぎ（みじん切り）… 大さじ½

クミンパウダー … 小さじ¼

塩 … 小さじ¼

1 鍋にEXVオリーブ油大さじ 1 を中火で熱し、米を入れて炒める。透き通ってきたら鰹だしと A を加えてふたをし、煮立ったら弱火にして 12 分炊く。火を止めて 15 分蒸らす。

2 フライパンにEXVオリーブ油適量を中火で熱し、豚肉を入れて両面を 3 〜 4 分ずつ焼く。豚肉を取り出してフライパンをさっと拭き、EXVオリーブ油適量を中火で熱し、アスパラガスを入れる。ふたをして柔らかくなるまで蒸し焼きにし、塩少々をふる。

3 器に 1 と 2 を盛り、ハーブソースを添える。

Point

• ハーブソースは、好みでスペアミントを加えてもおいしい。

やさしい甘さで春らしく

春野菜の甘みをドライトマトのうま味できりっと引き締め、「鰹 枯節」をたっぷり使ってしっとりとした食感に仕上げました。サレはフランス語で塩味のこと。おかずになるパウンドケーキなので、朝ごはんやワインのお供にどうぞ。

春野菜のだしケークサレ

材料（18 × 6 × 8cm のパウンドケーキ型 1 台分）
鰹だし（枯節）… 90mℓ
そら豆（さやから出す）… 8 本
新玉ねぎ（2cm 大に切る）… ½ 個
グリーンピース（さやから出す）… 正味 100g
スナップえんどう（筋を取る）… 10 個
ドライトマト … 10g ⇒ひたひたの熱湯に浸ける
A | 卵 … 2 個
　| EXVオリーブ油 … 40mℓ
B | 小麦粉 … 150g
　| ベーキングパウダー、砂糖 … 各小さじ 1
　| 塩 … 小さじ ¼
C | パルミジャーノ・レッジャーノ（すりおろす）… 30g
　| あればフレッシュタイムの葉 … 少々

1 鍋に湯を沸かし、そら豆を 1 ～ 2 分ゆでて薄皮をむく。同じ湯に塩少々（分量外）を加え、新玉ねぎを 20 秒ゆでてざるに上げ、冷ます。グリーンピースはひたひたの湯で柔らかくなるまでゆで、ゆで汁に浸したまま冷まし、使う直前に水けをきる。スナップえんどうは長さを半分に切る。ドライトマトは柔らかくなったら水けをきってみじん切りにする。
2 ボウルに鰹だしと A を入れて混ぜ、B をざるなどでふるいながら加え、切るように混ぜる。1 と C を加えてさらに混ぜる。
3 オーブンシートを敷いた型に流し入れ、180℃のオーブンで 40 ～ 50 分焼く。竹串を刺し、生地がついてこなければ焼き上がり。

Point
・冷めてもおいしいけれど、スライスしてからフライパンで焼き直しても美味。

鰹だしで夏野菜を丸ごといただく

香ばしくジューシーにグリルした夏野菜に、ジュレ仕立ての鰹だしのソースをかけるだけ。シンプルなレシピですが、「鰹 枯節」の繊細な風味が野菜本来のおいしさを引き立てるから、おもてなしにもぴったりのスペシャルな味に。

夏野菜のグリル
だしジュレソース

材料（3～4人分）
鰹だし（枯節）… 200mℓ
なす（5mm幅に切る）… 1個
ズッキーニ（5mm幅に切る）… 1個
トマト（横半分に切る）… 2個
好みの葉野菜（クレソン、サニーレタスなど）
　… 適量
A ｜薄口醤油 … 大さじ1
　｜みりん … 小さじ2
　｜酢 … 大さじ1
粉ゼラチン … 5g
白ワインビネガー … 適量
EXVオリーブ油 … 適量
塩 … 少々

1 鍋に鰹だしとAを入れて中火にかけ、沸きはじめたら火からおろす。粉ゼラチンを加え、混ぜて溶かす。バットなどに移し、粗熱が取れたら、冷蔵庫に1時間以上置いて冷やし固める。
2 なすとズッキーニは、EXVオリーブ油と水を同量ずつ混ぜたものを塗って、グリルパンまたはフライパンで焦げ目がつくまで中火で焼く。トマトは切った面だけをさっと焼く。
3 器に2を盛り、塩をふる。好みの葉野菜をのせ、白ワインビネガーとEXVオリーブ油をまわしかける。1をフォークなどで粗くつぶし、好みの量をかける。

Point

- フルーツトマトを使うと、甘みが加わっておいしい。
- グリルパンの代わりにフライパンを使う場合は、トマトは強火でさっと火を通す。
- ジュレは冷蔵庫で1週間保存できる。

レストランみたい！と喜ばれる

強力粉と上新粉、炭酸水を使ってカリッと揚げたフリットを、酸味の効いた爽やかなきゅうりだし酢にのせて。酢は鰹だしと合わせることで酸味がマイルドに。鮮やかなグリーンが見た目にも涼しげで、食欲をそそります。

アジのフリット きゅうりだし酢添え

材料（2人分）

鰹だし（荒節）… 40mℓ

アジ（三枚におろす）… 4尾　⇒塩少々をふる

A
- きゅうり（すりおろす）… 1本
- 酢 … 小さじ2
- みりん … 小さじ1
- 塩 … 小さじ¼

B（⇒混ぜる）
- 強力粉 … 15g
- 上新粉 … 10g
- 炭酸水 … 50mℓ

強力粉、揚げ油 … 各適量

1 鰹だしとAをボウルに入れて混ぜ、きゅうりだし酢を作る。

2 アジに強力粉を薄くまぶしてBをからめ、170℃の油でカリッとなるまで揚げる。

3 器にきゅうりだし酢を盛り、2をのせる。

Point

- 好みで針しょうがやみょうがを添えても。
- 強力粉は小麦粉、上新粉は米粉や片栗粉、炭酸水はビールで代用してもOK。

飲むサラダで夏バテを撃退！

灼熱の国、スペインで生まれた冷製スープを日本流にアレンジ。「鰹 枯節」のうま味とスイカの甘みを加えることで、奥行きのある味わいになります。たっぷり作って空き瓶などに保存しておけば、翌日の朝ごはんも安心。

スイカ入りだしガスパチョ

材料（作りやすい分量）
鰹だし（枯節）… 120mℓ
トマト（湯むきする）… 2個
きゅうり（皮をむいて1cm幅に切る）… ½本
スイカ（皮と種を取り除き、1cm大に切る）… 正味60g
セロリ（1cm大に切る）… 5cm
パプリカ（1cm大に切る）… ¼個
玉ねぎ（繊維を断ち切るように薄切り）… ⅒個
レモン汁 … 大さじ½
白ワインビネガー … 小さじ1
パン（小さくちぎる）… 10g
EXVオリーブ油 … 大さじ1
塩 … 小さじ¼

1 トマトは横半分に切って種をざるに取り出し、果汁をこす。果肉は1cm大に切り、こした果汁と合わせる。
2 1と他のすべての材料を合わせ、密閉できる保存袋などに入れて冷蔵庫で半日以上馴染ませる。
3 ミキサーで撹拌し、器に注ぐ。好みでEXVオリーブ油（分量外）をかける。

Point

- 馴染ませることで味がまとまる。撹拌してから置いてもOK。
- スイカの代わりにプラムを使ってもおいしい。
- 冷製パスタや魚介のグリルのソースにしても。
- ハンドブレンダーを使ってもOK。

上質な鰹だし ならではの味

オクラでとろみがつくことで、だしが口の中にとどまって、うま味をじっくりと味わえます。せん切りのしょうがが、ぴりっと爽やかなアクセントに。夏バテで食欲がないときにも、スルスルと飲み干してしまう涼やかさ。

オクラの冷たいだしスープ

材料（2〜3人分）
鰹だし（枯節）… 500mℓ
オクラ（5mm幅の小口切り）… 10本
しょうが（せん切り）… ½片
薄口醤油 … 小さじ1強
塩 … 小さじ¼強

1　ボウルに鰹だしと薄口醤油、塩を入れて混ぜる。
2　オクラはざるに入れて熱湯にくぐらせる。
3　1にオクラとしょうがを加え、底を氷水に当てて冷やす。

Point

- しょうがはなるべく細く切ると、のどごしが良くなる。
- 好みで仕上げに白炒りごまをふっても。
- ご飯にかけてもおいしい。
- オクラを、モロヘイヤやじゅんさいに替えてもOK。

箸が止まらない おいしさ

さらさらの生地なので、一般的なチヂミよりも軽やかな味わい。表面はパリッと中はもっちりと焼き上がります。生地に使っている「鰹 枯節」のうま味が野菜のおいしさを引き立てているので、タレがなくても満足の味。

夏野菜のだしチヂミ

材料（2～3人分）
鰹だし（枯節）… 120g
A｜小麦粉 … 60g
　｜米粉 … 30g
　｜塩 … ひとつまみ
とうもろこし（実をそぎ取る）… 1本
みょうが（縦半分に切って薄切り）… 2個
しし唐辛子（縦半分に切る）… 12本
青じそ（一口大にちぎる）… 20枚
B｜長ねぎ（みじん切り）… 10cm
　｜醤油 … 大さじ2
　｜酢 … 大さじ3
　｜韓国唐辛子粉 … 2g
（B ⇒混ぜる）
ごま油 … 適量

1 ボウルに鰹だしとAを入れてよく混ぜる。
2 別のボウルにとうもろこしとみょうがを入れて混ぜ、1を少しずつ、素材同士がからまるくらいの量を加える。
3 フライパンにごま油大さじ2を入れて中火で熱し、2の生地を薄く流し入れる。焼き色がついたら裏返し、もう片面もこんがりと焼く。途中で油が足りなければ適量を足しながら、同様に生地をすべて焼く。
4 しし唐辛子と青じそも同様に、ボウル内で混ぜてから1の残りの生地を加え、焼く。
5 器に盛り、好みでBのタレを添える。

Point

- フライ返しで押さえながら焼くと、カリッと仕上がる。
- 厚みが出ないように野菜を切ることで、均等に火が通りやすくなる。

冷やした鰹だしのおいしさをお試しあれ

あまり火を使わずに短時間でできるので、そうめん感覚で手早く作れる真夏のお助けレシピ。「鰹 荒節」が入ることで、トマトのうま味がぐっと引き立ちます。飲むようにいただけるさっぱりとした味も、この季節にうれしいかぎり。

トマトの冷製だしパスタ

材料（2人分）
鰹だし（荒節）… 150mℓ
フルーツトマト（2cm大の乱切り）… 2個
カッペリーニ … 160g
塩 … 小さじ½
EXVオリーブ油 … 大さじ2

1 フルーツトマトはボウルに入れ、塩を加えて混ぜ、果汁が出るまで5分置く。
2 鰹だしとEXVオリーブ油を加え、混ぜる。
3 カッペリーニは袋の表示どおりに塩を加えた熱湯で指定のゆで時間の1.2倍ほど長くゆで、ざるに上げて冷水でしめる。
4 水けをよくきって器に盛り、2をかける。

Point

- きゅうりやオクラなどの夏野菜や、納豆、ハムを加えると、味に変化がつき、栄養バランスもアップ。
- 青じそ、みょうが、ハーブなどの香味野菜を加えると、よりおいしい。
- カッペリーニは1%の塩を入れた湯でゆでる。2ℓに大さじ1⅓（20g）が目安。

冷やしても おいしい

直火で真っ黒になるまで焼くことで、自らの皮の中で蒸し焼きにされたパプリカは甘みが倍増! 香ばしい「鰹荒節」の風味とあいまって、驚くほどふくらみのある味わいになります。おもてなしにもおすすめの一品。

パプリカのだしポタージュ

材料（2 ～ 3 人分）
鰹だし（荒節）… 300mℓ
パプリカ … 2 個
トマト … 中 1 個 ⇒湯むきする
玉ねぎ（薄切りにしてから粗くきざむ）… ¼個
米 … 大さじ½
EXVオリーブ油 … 大さじ½
塩 … 適量

1 パプリカは直火で真っ黒になるまで焼き、ふたつき容器などに入れて少し蒸らしてから、皮をむいてへたと種を除き、細かく切る。
2 トマトは横半分に切り、種をざるに取り出して果汁をこす。果肉を細かく切り、こした果汁と合わせる。
3 鍋にEXVオリーブ油、玉ねぎ、塩少々を入れ、ふたをして弱火にかける。ときどき混ぜながら、透き通るまで加熱する。
4 米と 2 を加えてふたをし、焦げつかないよう、ときどき混ぜながら、米が透き通るまで 5 ～ 10 分加熱する。
5 1 と鰹だし、塩ひとつまみを加えて中火にする。沸騰したら弱火にし、ふたをずらしてのせ、15 ～ 20 分煮る。
6 粗熱が取れたらミキサーで撹拌し、鍋に戻して温め、塩小さじ⅓で味を調える。好みでチリペッパーバターをかける。

［ **チリペッパーバター** ］
小鍋にバター 20g を入れ、チリペッパー（または粉唐辛子）とドライミント（ハーブティー用でも OK）各ひとつまみを加えて煮溶かす。

Point

- 仕上げにチリペッパーバターをかけると、スパイシーでエスニックな風味になる。
- ハンドブレンダーを使っても OK。

さっと作って すぐに食べられる

つるっとのどごしがいい麺と、鰹だしの力強い風味はゴールデンコンビ。麺つゆに飽きたときにおすすめのエスニック味は、ナンプラーが決め手です。みずみずしい野菜と肉などのたんぱく質を添えれば、栄養バランスも完璧！

アジアンだし冷麺

材料（2人分）
鰹だし（荒節）… 100mℓ
牛もも薄切り肉（しゃぶしゃぶ用）… 100g
細うどん（乾麺／またはそうめん）… 150g
トマト（2cm大に切る）… ½個
ハーブ（パクチー、ミント、ディルなど）… 適量
ピーナッツ（粗く砕く）… 適量
ライム（レモンでも可）… 適宜
A | ナンプラー、薄口醤油 … 各大さじ½
  | 砂糖 … 小さじ1強
  | 赤唐辛子（輪切り）… ひとつまみ

1 鰹だしとAを合わせる。
2 牛肉は、0.8％の塩（分量外）を加えた熱湯でさっとゆで、ペーパータオルなどにのせて水けを取る。
3 細うどんは袋の表示どおりにゆで、ざるに上げる。冷水でしめて水けをきり、器に盛る。
4 2とトマトをのせてハーブを添え、1をかける。ピーナッツをふり、好みでライムを絞っていただく。

Point

- しゃぶしゃぶ用の豚肉やハム、ツナ、ゆで卵などでもおいしい。
- ハーブは好みの香味野菜に替えてもOK。
- ごま油を加えてもおいしい。
- 牛肉の塩は、湯1ℓに大さじ½（8g）が目安。

スープまで飲み干したくなる

クリーミーな豆乳と、上品なうま味の「鰹 枯節」のスープで食べる冷やし麺。肉味噌は、多めに作ってストックしておけば、いろんな料理にアレンジ可能です。忙しいときや疲れているときに、覚えておくと助かるメニュー。

豆乳だし冷やし麺

材料（2人分）

鰹だし（枯節）… 200mℓ

A | 豆乳（成分無調整）… 200mℓ
塩 … 小さじ¼
薄口醤油 … 大さじ½

豚ひき肉 … 200g

B | にんにく（みじん切り）… 1片
しょうが（みじん切り）… 1片
長ねぎ（みじん切り）… 5cm

ごま油 … 大さじ1

豆板醤 … 10g

酒 … 大さじ2

酢 … 小さじ1

砂糖 … 大さじ½

薄口醤油 … 小さじ1

ひやむぎ … 120g

レタス（またはサニーレタス）… 4〜6枚

細ねぎ（小口切り）… 適量

韓国唐辛子（粗びき／または一味唐辛子）… 適宜

1 鰹だしとAを混ぜ合わせて冷蔵庫で冷やしておく。

2 フライパンにごま油を中火で熱し、ひき肉を炒める。色が変わってきたら、Bと豆板醤を加えて炒める。余分な脂を拭き取り、酒と酢を加えて炒め、砂糖と薄口醤油を加えてさらに炒める。

3 ひやむぎを袋の表示どおりにゆでてざるに上げる。途中でレタスをちぎって入れ、さっとゆでて取り出す。

4 ひやむぎを氷水でしめて水けをよくきり、器に盛る。1をかけ、2とレタス、細ねぎをのせ、好みで唐辛子をふる。

Point

- 豚ひき肉は、ロースまたは、もも肉の脂身が少ない部位を使う。
  もし脂身が多ければ、炒める途中で、こまめに拭き取ればOK。
- スープはご飯にかけて、肉味噌はあえ麺や茶碗蒸しの具などにと、幅広く応用できる。

夏の体にうま味が染み込む

宮崎県の郷土料理、冷や汁を手軽にアレンジ。魚を焼いてほぐす代わりに、「鰹 荒節」の力強いうま味を利用します。爽やかな薬味と、焼き味噌の香ばしさは、真夏の食欲増進効果あり！

さっぱり冷や汁

材料（2人分）
鰹だし（荒節）… 240mℓ
木綿豆腐（1cm大にちぎる）… 100g
みょうが（薄切り）… 1～2個
青じそ（せん切り）… 4枚
きゅうり（薄切り）… ½本
麦味噌 … 大さじ2（約35g）
白炒りごま（直前にする）… 大さじ2（約10g）
塩 … 適量
ご飯（粗熱を取る）… 茶碗2杯分

1 豆腐はペーパータオルを敷いたバットに入れ、15分置いて水きりをする。
2 きゅうりはかるく塩もみしてから15分置き、水でさっと流して水けを絞る。
3 白ごまと麦味噌を混ぜ合わせて木のしゃもじの片面に塗り、かるく焦げ目がつくまでやけどに注意して直火の遠火で炙る（またはアルミホイルの上に直接広げ、オーブントースターで焼く）。
4 3を鰹だしで溶き、1、2、みょうが、青じそを加えて混ぜ、冷蔵庫で冷やす。
5 茶碗にご飯を盛り、4をかける。

Point

- 麦味噌以外の味噌を使う場合は塩分量が変わるので、好みで量を調節して。
- おいしさのコツは4のだしをしっかり冷やすこと。

夏バテ知らずのお手軽料理

鰹のヅケと「鰹 枯節」をぜいたくにダブル使いし、さっぱりとした梅干しの風味を隠し味に。鰹のヅケは薄切りよりも角切りのほうが、味が早く染み込みます。お酒の〆や朝ごはんにも、覚えておくと重宝するレシピ。

鰹のヅケだし茶漬け

材料（2人分）
鰹だしパック（枯節・4g入り）… 3個
梅干し … 1個
鰹（刺身用／1cm角に切る）… 120g
A　醤油 … 大さじ2
　　みりん … 大さじ1　⇒混ぜる
細ねぎ（小口切り）… 適量
きざみ海苔 … 適量
わさび … 適宜
ご飯 … 茶碗2杯分
［**錦糸卵**］
卵（溶きほぐす）… 1個
酒 … 大さじ½
油 … 適量

1　鍋に鰹だしパックと水600mℓ、梅干しを入れて中火にかける。煮立ったら弱火にして10分煮る。
2　鰹はAに入れ、冷蔵庫で30分漬ける。
3　溶き卵に酒を加えて混ぜる。フライパンに油を弱火で熱し、卵液を薄く広げて焼く。裏返してさっと焼き、3cm長さの細切りにする。
4　器にご飯を盛り、汁けをきった2と3、細ねぎ、きざみ海苔、好みでわさびをのせる。温かい1を鰹の上からかける。

Point
・梅干しは、好みで梅肉をくずしてご飯にのせてもよい。

定番メニューの意外なアレンジ

お馴染みの肉じゃがですが、トマトとほんの少しのカレー粉を加えることで、ぐんと新鮮な表情に。「鰹 荒節」の力強い風味が、味にきりっとした輪郭を出してくれます。煮汁まで飲み干したくなる軽やかな味は、一度試してみる価値あり！

カレートマトだし肉じゃが

材料(2～3人分)
鰹だし(荒節)… 250mℓ
牛こま切れ肉 … 150g ⇒油小さじ1をあえる
じゃがいも(皮をむき、3～4等分に切る) … 2個 ⇒水にさらして水けをきる
にんじん(一口大に切る)… ½本
トマト(一口大に切る)… 1個
玉ねぎ(1cm幅のくし形切り)… ½個
しょうが(せん切り)… 1片
カレー粉 … 小さじ½
酒 … 大さじ2
みりん … 大さじ½
砂糖 … 大さじ½
薄口醤油 … 大さじ1
油 … 小さじ2

1 鍋に油としょうが、カレー粉を入れ、中火にかけて炒める。香りが立ったら牛肉とじゃがいもを加え、牛肉の色が変わるまで炒める。
2 酒とみりん、砂糖を加えて2～3分煮て、にんじん、トマト、玉ねぎを加え、鰹だしを加える。煮立ったらアクを取り、落としぶたをして弱火で20分煮る。
3 薄口醤油を加え、汁けが少し残る程度までさらに10分煮る。

Point

- お弁当に入れる場合は汁けをきってから。
- にんじんをズッキーニに替えたり、じゃがいもをかぼちゃに替えてもおいしい。

さらっと食べられる夏の味

ルウを使わず、エビと「鰹荒節」のうま味を利かせた南インド風のカレー。本格的な味のポイントになるパクチーは加熱してからミキサーにかけることで、独特の香りがやわらぎ、万人が好む味に。好みで酸味のある野菜を添えてもおいしい。

オクラとエビのだしカレー

材料（4～5人分）
鰹だし（荒節）… 500mℓ
エビ（殻つき）… 16尾 ⇒殻と背わたを取り、塩でもみ洗いして洗い流す
A | レモン汁 … 大さじ1
　| ターメリックパウダー … 小さじ⅔
玉ねぎ（薄切りにしてからざく切り）… ½個
B | しょうが（すりおろす）… 2片
　| にんにく（すりおろす）… 2片
　| カレー粉 … 大さじ1
トマト（湯むきして細かく切る）… 2個
パクチー（粗みじん切り）… 6株（約30g）
オクラ（がくを落として長さを半分に切る）… 12本
クミンシード … 小さじ1
油 … 大さじ4
塩 … 適量
チリペッパー … 適宜

1 エビは水けを拭き、Aをもみ込む。
2 鍋に油とクミンシードを入れて弱火で熱し、香りが立ったら玉ねぎを加え、透き通るまで炒める。Bを加えてさらに炒める。
3 トマト（あればパクチーの根も）を加えてふたをし、弱めの中火にする。ときどきかき混ぜながら5～10分煮る。鰹だしを加え、さらに10分煮る。
4 パクチーを加えてさっと煮る。粗熱が取れたらミキサーで撹拌して鍋に戻し、1とオクラ、塩小さじ2を加える。エビに火が通ったら、塩で味を調える。好みでチリペッパーをふる。

Point

- Aの漬け汁も一緒に鍋に入れると、爽やかな酸味が加わる。
- ミキサーにかけるのは、口当たりを良くするため。
- ハンドブレンダーを使ってもOK。
- 鰹だし500mℓを、鰹だし400mℓ＋ココナッツミルク100mℓに替えても。

Autumn & Winter

だしが
恋しい秋ですネ。
鰹だしを
ふうふうと、冬。

寒くなってきたら、鰹だしの本領発揮。
熱々のスープや煮込み料理にオーブン料理、
そして鍋。根菜やきのこ、クリームと
相性抜群のだしの魅力を堪能して。

滋味深い秋の実りを堪能して

「鰹枯節」の繊細な香りによって、しいたけとマッシュルームから出る複雑なうま味が倍増します。牛乳でまろやかにまとめれば、心と体にじんわりしみるおいしさ。香ばしいナッツの食感をアクセントに添えて。

きのこのだしポタージュ

材料（3 〜 4 人分）
鰹だし（枯節）… 350mℓ
しいたけ（石づきを除いて薄切り）… 6 個（約 100g）
マッシュルーム（薄切り）… 6 〜 7 個（約 100g）
玉ねぎ（薄切りにしてから粗くきざむ）… ¼個
タイム … 4 枝
牛乳 … 300mℓ
バター … 10g
ナッツ類（ロースト・ピスタチオ、カシューナッツなど／粗く砕く）… 適量
EXVオリーブ油 … 大さじ½
塩 … 適量

1 鍋にEXVオリーブ油、玉ねぎ、塩ひとつまみを入れ、ふたをして弱火にかける。ときどき混ぜながら蒸し煮にする。
2 玉ねぎが透き通ってきたら、しいたけとマッシュルーム、タイムを加えて混ぜ、バターをちぎって散らし、ふたをしてさらに 10 分蒸し煮にする。
3 鰹だしを加えて 10 分煮る。タイムを取り除き、粗熱が取れたらミキサーで撹拌する。
4 鍋に戻し入れ、牛乳と塩小さじ⅓を加えて混ぜ、弱火で温める。器に盛り、ナッツを散らす。

Point

- まいたけやしめじなど別のきのこを使う場合は、合わせて200gとする。ただし、まいたけが多すぎると色が黒くなるので気をつけて。
- 仕上げにシナモンパウダーをふってもおいしい。
- ハンドブレンダーを使ってもOK。

だし効果でまろやかな味わいに

中華料理の定番メニューは、豚とれんこんのシンプルな組み合わせにし、鶏ガラスープの代わりに「鰹荒節」を使うことで、大人っぽいさっぱり味に。ご飯によく合うおかずなので、新米の季節には特におすすめです。

れんこんのだし酢豚

材料（2人分）

鰹だし（荒節）… 150mℓ

豚ヒレ肉（または豚もも肉）… 200g

⇒ 1cm厚さの一口大に切り、塩1gと酒小さじ1をもみ込む

れんこん … 150g

⇒ 1mm厚さの一口大に切り、水にさらして水けをきる

A
小麦粉 … 大さじ1
片栗粉 … 小さじ1
水 … 大さじ1
溶き卵 … 大さじ2

B
酢 … 大さじ1½
薄口醤油 … 大さじ1
酒 … 大さじ1
砂糖 … 大さじ2（約20g）
片栗粉 … 小さじ2
クコの実 … 大さじ½

小麦粉、揚げ油 … 各適量

1 Aは上から順にボウルに入れ、そのつど混ぜる。
2 れんこんは水けを拭き、160～170℃の油でさっと揚げる。
3 豚肉に小麦粉を薄くまぶし、1をつけて揚げる。
4 鍋に鰹だしとBを入れて混ぜ、中火にかけて混ぜる。とろみがついたら2と3を加え、全体にからめる。

Point

・クコの実は、彩りのほか、ほのかな甘みと香りがアクセントになる。
・れんこんの代わりに、さつまいもやパプリカで作ってもおいしい。

甘酸っぱさがたまらない

「鰹荒節」のうま味を生かして、砂糖と酢を控えめに仕上げた南蛮漬け。だしをたっぷり使った漬け汁が、脂ののった旬の生ザケと野菜をやさしくまとめます。かぼすをゆずに替えれば、秋から冬まで長く楽しめます。

サーモンのだし南蛮漬け

材料（2〜3人分）
鰹だし（荒節）… 300mℓ
生ザケ（切り身／皮を除いて4等分に切る）… 3切れ
⇒塩少々をふって20分置く
エリンギ（半分の長さに切り、縦に4〜6等分に切る）… 2本
パプリカ（5mm幅に切る）… ½個
玉ねぎ（薄切り）… ½個
⇒ 5分水にさらして水けを拭く
かぼす（またはゆず）… ½〜1個
片栗粉、揚げ油 … 各適量
A ｜酢 … 100mℓ
｜酒、みりん、薄口醤油 … 各大さじ3
｜砂糖 … 大さじ2
｜赤唐辛子（種を取る）… 1本

1 耐熱の保存容器にパプリカと玉ねぎを入れる。
2 鍋に鰹だしとAを入れ、中火にかけて煮立てる。砂糖が溶けたら1に注ぎ入れる。
3 エリンギを170℃の油でさっと揚げて2に加える。生ザケは水けを拭いて片栗粉を薄くまぶし、泡が小さくなるまで3〜4分揚げて2に加える。
4 かぼすを絞り入れる。粗熱が取れたら冷蔵庫で半日以上置く。

Point

- 仕上げにかぼすの薄切りを飾ると美しい。ただし、皮は苦みがあるので、漬け込まずに食べる直前に添えること。かぼすの代わりにゆずを使う場合は、一緒に漬け込んでもOK。
- みょうがやしょうがのせん切りを加えてもおいしい。
- 子ども用に作る場合は、赤唐辛子を抜いて。

体がポカポカ温まる

体を温める効果がある香味野菜や、抗酸化作用が期待できるクコの実を使った薬膳スープです。２種類のきのこから出るうま味と、「鰹枯節」のうま味で、手軽に作れるけれど奥深い味わいに。春雨を加えれば、軽食や夜食にもぴったり。

きのこの薬膳だしスープ

材料（2～3人分）
鰹だし（枯節）… 500mℓ
しいたけ（石づきを除いて一口大に切る）… 6個（約100g）
まいたけ（一口大にほぐす）… ½パック（約50g）
しょうが（薄切り）… 1片
長ねぎ（小口切り）… 15cm
クコの実 … 大さじ1（約5g）
酒 … 大さじ1
薄口醤油 … 大さじ½
塩 … 少々

1 鍋に薄口醤油と塩以外のすべての材料を入れ、中火にかける。煮立ったら弱火にし、20分煮る。
2 薄口醤油と塩で味を調える。

Point

- 別のきのこ類を使う場合は合わせて150gとする。2種類以上使うと風味が増す。
- 仕上げにごま油をかけると、中華風に。

大人も子どもも大好きな味！

赤味噌のコクに「鰹 荒節」の力強いうま味を利かせた、本格的でありながら重すぎないバランスが絶妙。先に煮ることで鰹だしの風味を染み込ませたごぼうと長ねぎも、主役級の存在感です。誰もがもりもり食べたくなるはず！

だし煮込みハンバーグ

材料（2 人分）
鰹だし（荒節）… 300mℓ
合いびき肉 … 200g
ごぼう（一口大の乱切り）… 30cm ⇒水にさらして水けをきる
玉ねぎ（みじん切り）… ¼個 ⇒熱湯で 2 分ゆで、ざるに上げて冷ます
長ねぎ（3cm 長さに切る）… ½本
卵 … ½個
パン粉 … 10g ⇒牛乳 40mℓ を混ぜる
A ｜ 赤味噌 … 大さじ 2（約 25g）
　｜ 砂糖 … 大さじ 1
塩 … 小さじ¼
酒 … 大さじ 2
油 … 大さじ 1

1 ボウルにひき肉と塩を入れてよく練り、卵を加えてさらに練る。玉ねぎとパン粉を加えて混ぜ、4 等分にして丸く形を整える。
2 鍋に油の半量を中火で熱し、ごぼうを入れて炒める。油が馴染んだら鰹だしと酒、長ねぎを加える。煮立ったら弱火にし、ふたをずらしてのせ、15 分煮る。
3 フライパンに残りの油を熱し、1 を入れる。中央を押してへこませ、焼き色がつくまで両面を焼く。
4 鍋に A を加えて溶き混ぜ、3 を加えてふたをずらしてのせ、15 分煮込む。

Point

- 好みで、仕上げに粉山椒をかけても。
- 残ったタレをご飯にかければ、最高の〆に。

鰹だしでさっと手早くおもてなし

手間のかかるスープ・ド・ポワソンの代わりに、「鰹 枯節」を使った、手軽でおいしいブイヤベースです。トマトの酸味と魚介のうま味は相性抜群。手作りのアイオリソースとバゲットを添えれば、ホームパーティにもぴったりの華やかさ。

だしブイヤベース

材料（4人分）
鰹だし（枯節）… 300mℓ
タラ … 4切れ ⇒半分に切って塩少々をふり、15分置く
アサリ（殻つき）… 250g ⇒砂抜きして洗い、水けをきる
エビ（あれば有頭／背わたを取る）… 4尾
玉ねぎ（みじん切り）… ⅓個
セロリ（みじん切り）… 10cm
にんにく（つぶして芯を取る）… 1片
カットトマト缶詰 … 100g
白ワイン … 100mℓ
サフラン … ふたつまみ
EXVオリーブ油 … 大さじ2
塩 … 適量

1 鍋にEXVオリーブ油大さじ1を中火で熱し、玉ねぎとセロリを入れて透き通るまで弱火で炒める。にんにくとトマト缶を加え、ふたをして弱火で10～15分煮る。
2 フライパンにEXVオリーブ油大さじ1を中火で熱し、水けを拭いたタラを入れて両面を焼く。アサリと白ワインを加え、アサリの口が開いたら、1の鍋に加える。
3 サフランと鰹だしを加え、ふたをせずに弱火で15分煮る。最後にエビを加え、ひと煮立ちしたら塩で味を調える。
4 器に盛って好みでアイオリソースをかけ、バゲットを添える。

［アイオリソース］
卵黄1個分、にんにくのすりおろし少々、レモン汁と白ワインビネガー各小さじ1、塩小さじ¼をボウルに入れ、EXVオリーブ油60gと太白ごま油20gを少しずつ垂らしながら、泡立て器で混ぜる。

Point

・スープを煮込むときは、煮立たせないように弱火から中火で加熱すること。

まるで上品な料亭の味

イカと里いもは、昔から愛されてきた黄金の組み合わせ。一般的にはちょっと濃いめの甘辛い味つけですが、こちらは「鰹 荒節」を使い、梅干しの酸味を利かせた軽やかな味。里いもはだしを含ませてから調味するのがポイントです。

イカと里いものだし梅煮

材料（2～3人分）
鰹だし（荒節）… 500mℓ
イカ（スルメイカ）… 1杯
里いも（皮をむく）… 6個
A　梅干し … 1個
　　酒 … 大さじ1⅓
B　みりん … 大さじ1⅓
　　薄口醤油 … 大さじ1
塩 … 適量

1 イカはワタごと足を引き抜いて軟骨を抜き、胴とえんぺらは2cm幅に切る。足はワタと目を切り落としてくちばしを除き、塩少々をもみ込んで吸盤をこそげながら洗い流す。水けを拭き、4等分に切る。
2 鍋に米のとぎ汁少々（分量外）か米少々（分量外）を入れ、里いもとかぶるくらいの水を加えて中火で熱する。柔らかくなるまでゆで、ざるに上げ、流水でとぎ汁を洗い流す。
3 鍋をさっと洗い、鰹だしとAを入れて中火にかけ、煮立ったら1を加えて1分煮る。
4 イカをいったん取り出して2を加え、落としぶたをして10分煮る。
5 Bを加えてさらに20分煮る。イカを戻し入れ、1分煮たら火からおろす。

Point

- イカは柔らかく仕上げるため、加熱しすぎないようういったん取り出すのがポイント。
- 余った煮汁でおからを炊くとおいしい。

軽やかで まろやかな おいしさ

「鰹枯節」の上品な風味に生クリームを組み合わせた、あっさりとした味わいのシンプルなスープ。バターや小麦粉は使わないので、だまになる心配もなく、簡単に作れます。鶏肉の皮をじっくりと焼き、余分な脂を出すのがコツ。

かぶとチキンの
だしクリームスープ

材料（2～3人分）
鰹だし（枯節）… 450mℓ
鶏もも肉（3cm大に切る）… 1枚（約280g）
　⇒レモン汁小さじ1と塩小さじ1/4をもみ込む
かぶ（皮をむき、6等分のくし形切り）… 2個
生クリーム … 50mℓ
あればかぶの葉（1cm長さに切る）… 1個分
酒 … 大さじ2
EXVオリーブ油 … 大さじ1
塩 … ふたつまみ

1　鍋にEXVオリーブ油を中火で熱し、鶏肉を皮目から入れ、出てきた脂を拭き取りながら両面を焼く。焼き目がついたら、鰹だしと酒、かぶを加える。
2　アクを取りながら弱火で20分煮る。生クリームとあればかぶの葉を加え、塩で味を調える。

Point

- 仕上げにレモンの皮のすりおろしをかけると、また違ったおいしさに。
- かぶの代わりに白菜を使ってもおいしい。

ご飯にかけても おいしい

とろみのついたあんで食べやすい、中華風の炒めもの。大根というとつい煮ものやおろしにしがちですが、油で炒めるとぐっと新鮮な味わいが楽しめます。「鰹 荒節」と花椒の香りに、思わずお腹が鳴ってしまいそう。

大根と豚肉の花椒だし炒め

材料（2人分）

鰹だし（荒節）… 100mℓ　⇒塩小さじ¼弱と片栗粉小さじ½を混ぜる

大根（3〜4cm長さ、5mm角の棒状に切る）… 200g

豚肩ロース肉（しゃぶしゃぶ用／粗く切る）… 100g

A｜塩 … ひとつまみ
　｜酒 … 大さじ½
　｜片栗粉 … 小さじ½
　｜油 … 小さじ1

油 … 大さじ1

花椒（ホール）… 小さじ½

酢 … 大さじ½

ごま油 … 適量

塩 … ひとつまみ

1 大根はボウルに入れ、塩をもみ込んで20分置く。
2 別のボウルに豚肉を入れ、Aを上から順に加え、そのつどもみ込む。
3 フライパンに油と花椒を入れて中火にかけ、香りが立ったら2を加える。あまり触らず、焼きつけてからほぐすようにして炒め、いったん取り出す。
4 水けをきった大根を加えて炒め、豚肉を戻し入れて炒め合わせる。鰹だしをもう一度混ぜてから加え、とろみがつくまで炒め煮にする。
5 火を止めて、酢をまわしかける。ごま油を垂らし、器に盛る。

Point

- 好みでさらに花椒の粉をふっても。
- 大根の代わりに白菜の軸を使ってもOK。
- 酢を入れずに仕上げ、食べている途中で加えて、味の変化を楽しんでも。

ピリ辛で食べごたえのあるヘルシースープ

酸辣湯《サンラータン》は、酢の酸味と、唐辛子の風味を利かせた中華メニュー。しいたけやえのき、豚バラなどたくさんの具材から出るうま味を、鰹だしがまとめます。子ども用に作るときは、ラー油の量で辛みを調整して。

きのこのだし酸辣湯

材料（2 ～ 3 人分）
鰹だし（荒節）… 500mℓ
豚バラ薄切り肉（細かく切る）… 50g
しいたけ（石づきを除いて 4 ～ 6 等分に切る）… 3 個（約50g）
えのきだけ（根元を切り、半分の長さに切る）… ¼袋（約50g）
セロリ（筋を取って薄切り）… 10cm
春雨 … 15g ⇒熱湯で戻し、食べやすく切る
絹ごし豆腐 … 50g
卵（溶きほぐす）… 1 個
A ｜長ねぎ（みじん切り）… 10cm
｜しょうが（みじん切り）… 1 片
｜赤唐辛子（種を取る）… ½本
酒 … 大さじ 2
B ｜薄口醤油 … 大さじ 1½
｜酢 … 小さじ 2 ～大さじ 1
パクチー（みじん切り）、白炒りごま … 各適量
ラー油 … 適量
油 … 小さじ 2

1 鍋に油を中火で熱し、豚肉を炒める。色が変わったら、A を加える。
2 酒を加えて少し煮たら、鰹だし、しいたけ、えのき、セロリを加えて 10 分煮る。
3 春雨と豆腐をくずしながら加え、ふたをずらしてのせて 5 分煮る。
4 味をみて B を加え、溶き卵をまわし入れ、ひと呼吸おいて火を止める。器に盛り、パクチーと白ごまを散らしてラー油をかける。

Point
• 豚バラ肉は、豚ひき肉に替えても OK。
• 麺を加える場合は、スープの味を濃いめに作って。

やさしい味の
クリーム煮

フリカッセは、バターで炒めた野菜と肉をクリームで仕上げた、フランスの伝統的な白い煮込み料理のこと。骨つきの鶏肉ときのこから出るうま味、生クリームのコクが濃厚でありながら、鰹だしによってあっさりと上品な味わいに。

チキンのだしフリカッセ

材料（4人分）
鰹だし（枯節）…150mℓ
鶏もも骨つき肉（ぶつ切り）… 600g
⇒塩小さじ⅔強とレモン汁大さじ1をもみ込む
まいたけ（一口大にほぐす）… 1パック（約100g）
マッシュルーム（一口大に切る）… 6個（約100g）
パプリカ（1cm大に切る）… ¼個
玉ねぎ（薄切りにしてから粗くきざむ）… ½個
バター … 15g
白ワイン … 50mℓ
生クリーム … 50mℓ
レモン汁 … 大さじ½
ローリエ … 1枚
パセリ（みじん切り）… 適量
レモン（国産）の皮 … 適量
EXVオリーブ油 … 大さじ2
塩 … 適量

1 鍋にバターと玉ねぎ、塩ひとつまみを入れ、ふたをして弱火にかける。さらに、きのこ類、塩ひとつまみ、EXVオリーブ油大さじ1を加え、再びふたをして、ときどき混ぜながら5〜10分蒸し炒めにする。
2 フライパンにEXVオリーブ油大さじ1を入れて中火にかけ、水けを拭いた鶏肉を皮目から入れて焼く。焼き色がついたら返して余分な脂を拭き、白ワインを加え、煮汁が半量になるまで煮詰める。
3 1に2を煮汁ごと加え、鰹だしとローリエ、パプリカを加え、ふたをずらしてのせて10分煮込む。
4 生クリームを加え、レモン汁と塩で味を調える。器に盛り、パセリを散らし、レモンの皮をすりおろしながらかける。

Point

- きのこは好みのものを合わせて200g使えばOK。
- 鶏肉は手羽元や鶏もも肉に替えて、より手軽に作っても。

鰹だしが冬野菜の甘さを引き出す

ゆでてサラダにするだけが、ブロッコリーの食べ方ではありません。くたくたに蒸し煮にしてから「鰹 荒節」のコクを足したら、驚くほどじんわりと甘く、奥行きのあるおいしさ。スパイシーなカレーオイルをアクセントに。

ブロッコリーのだしポタージュ

材料（2～3人分）
鰹だし（荒節）… 300mℓ
ブロッコリー … ½個
⇒小房に分け、太い茎の皮はむいて一口大に切る
玉ねぎ（薄切りにしてから粗くきざむ）… ¼個
EXVオリーブ油 … 大さじ½
塩 … 適量

1 鍋にEXVオリーブ油、玉ねぎ、塩ひとつまみを入れ、ざっと混ぜる。ふたをして弱火にかけ、ときどき混ぜながら蒸し煮にする。玉ねぎが透き通ってきたら、ブロッコリーと水50mℓを加えて混ぜ、15分弱火で煮る。
2 鰹だしを加え、10分煮てから粗熱を取り、ミキサーで撹拌する。鍋に戻して温め、塩小さじ¼を加える。好みでカレーオイルを垂らす。

［**カレーオイル**］
小鍋にカレー粉とクミンシード各小さじ1、コリアンダーシード小さじ½、カルダモン（ホール）2個、クローブ（ホール）1個を入れて弱火でからいりし、香りが立ったら火を止め、太白ごま油とEXVオリーブ油各大さじ1½を加えて混ぜる。カレー粉以外のスパイスは、あるものだけでもOK。

Point
- カレーオイルは、肉をマリネしたり、あえ麺や焼き飯に使っても美味。
- ハンドブレンダーを使ってもOK。

だしで軽やかなベシャメルに

寒い冬のごちそうといえば、熱々のグラタン。こってりしがちなベシャメルソースは、鰹だしをミックスしてさらりと仕上げるのがポイントです。野菜だけでも大満足の食べごたえは、「鰹 枯節」のうま味があるからこそ。

カリフラワーとマカロニの だしグラタン

材料（2 ～ 3 人分）
鰹だし（枯節）… 150mℓ
カリフラワー（小房に分け、大きいものは半分に切る）… 200g
マカロニ … 100g
バター … 40g
小麦粉 … 40g ⇒ふるう
牛乳 … 400mℓ ⇒沸騰直前まで温める
塩 … 小さじ¼
溶けるチーズ（シュレッドタイプ）… 80 ～ 100g

1 鍋にバターを入れて弱めの中火にかけ、溶けたら小麦粉を加え、木べらで混ぜながらさらりとするまで火を通す。
2 牛乳を少しずつ加えながらよく混ぜ、鰹だしも加えて混ぜる。塩で味を調え、かるくとろみがついたら火からおろし、ふたをする。
3 マカロニを袋の表示どおりに塩を加えた湯でゆではじめる。ゆで上がる 2 ～ 3 分前にカリフラワーを加え、ともにざるに上げる。
4 2 と 3 を混ぜ合わせ、耐熱容器に入れてチーズをのせ、190℃のオーブンで焦げ目がつくまで 10 分焼く。

Point

- こんがり焼けたチーズの香りが華やかで、おもてなしにもおすすめ。
- 小麦粉にカレー粉少々を加えると、子どもも大喜びのカレー味グラタンに。
- マカロニは1%弱の塩を入れた湯でゆでる。2ℓに大さじ1（16g）が目安。
- マカロニをゆでるときの塩を忘れると、味がぼやけるので要注意。

ホッとするような滋味深い味わい

「鰹 荒節」の豊かな風味を煮含めたゆばと、くずでとろみをつけた黄金色のあんが絶品。食欲がないときも、箸がすすむこと間違いなし。アクセントに、おろししょうがをピリッと利かせて。朝ごはんとしても、食事の〆としてもおすすめです。

だしあんかけゆば丼

材料（2～3人分）
鰹だし（荒節）… 400mℓ
乾燥ゆば（食べやすい大きさに割る）… 20g
みりん … 大さじ1
薄口醤油 … 大さじ1
くず粉 … 15g　⇒水大さじ2で溶く
しょうが（すりおろす）… 適量
ご飯 … 適量

1 鍋にゆばと鰹だしを入れて中火にかけ、煮立ったら弱火にし、10分煮る。
2 みりんと薄口醤油を加えて5分煮る。水で溶いたくず粉を加え、とろみがつくまでときどき混ぜながら煮る。
3 器にご飯を盛り、2をかけ、しょうがをのせる。

Point

- おろしわさびもよく合う。
- とろみづけにくずを使うと、片栗粉を使うより上品な味になり、冷めてもおいしい。

和食にも洋食にも合う

材料がシンプルなレシピは、味がぼんやりしがちなのが悩みどころ。そこで上質な鰹だしを使うと、その繊細な風味が白菜のみずみずしい甘みを引き立てて、味がばっちり決まります。おもてなしのときは、生ハムを1枚のせれば豪華に。

白菜のだしポタージュ

材料（2～3人分）
鰹だし（枯節）… 300mℓ
白菜（一口大に切る）… 500g
牛乳 … 100mℓ
柑橘類の皮（ゆず、すだちなど）… 適量
EXVオリーブ油 … 大さじ1
塩 … 適量

1 鍋に白菜を入れ、塩小さじ¼とEXVオリーブ油を加えて混ぜる。ふたをして弱火にかけ、20～30分蒸し煮にする。
2 鰹だしを加え、10分煮てから粗熱を取り、ミキサーで撹拌する。鍋に戻し入れ、牛乳を加えて弱火にかける。
3 ふつふつとしてきたら塩ひとつまみで味を調え、器に盛る。柑橘類の皮をすりおろしながらかける。

Point

- かぶ、キャベツ、にんじん、ブロッコリー、じゃがいも、グリーンピースなど、いろいろな野菜で作れます。ハンドブレンダーを使ってもOKですが、ごぼうなど繊維が多い野菜は、ミキサーがおすすめ。
- 仕上げに使う塩は、野菜の種類や水分量、季節によっても異なるので、必ず味をみながら調整して。
- 白菜は軸が多めだと写真のような白いポタージュに。葉が多めだとほんのりグリーンに。

とろみとビタミンで免疫力アップ！

寒い冬にうれしいほかほかメニューは、鰹だしにレモンの酸味がアクセント。すりおろしたれんこんのとろみが、料理を冷めにくくし、体を芯から温めてくれます。消化がいいので、風邪をひいたときにもおすすめ。

れんこんみぞれだし
レモンうどん

材料（1人分）
鰹だし（枯節）… 400mℓ
A　薄口醤油 … 大さじ½
　　塩 … 小さじ⅓
　　みりん … 大さじ1
鶏もも肉（1～2cm大に切る）… 60g
れんこん … 100～150g
細うどん（乾麺）… 1束（80g）⇒袋の表示どおりにゆで、水けをきる
レモン（国産／薄切り）… ½個

1 れんこんは皮をむき、水にさらしてからすりおろす。
2 鍋に鰹だしとAを入れて中火にかけ、沸いたら鶏肉を加える。
3 鶏肉の色が変わってきたら、れんこんをかき混ぜながら加える。沸いてから1分、とろみがつくまで煮る。
4 うどんを器に盛り、3をかけ、レモンをのせる。

Point

- レモンとれんこんは、根菜独特の風味がやわらぐ、相性のいい組み合わせ。
- れんこんは時期や種類によってとろみのつき方が変わるので、加える量を調整する。

体にじんわり しみ込む

〝鍋〟がマンネリ化したときは、滋養強壮が期待できる漢方だしはいかが？　クコの実やなつめといった薬膳食材と「鰹 荒節」の相乗効果で、体がポカポカに。ふわふわの鶏だんごをほおばりながら、寒さに負けない体づくりを。

漢方だし鶏だんご鍋

材料（3 ～ 4 人分）
鰹だし（荒節）… 1 ℓ
干ししいたけ … 3 個 ⇒水 300mℓ で戻し、石づきを除く。戻し汁はとっておく
クコの実 … 20g
なつめ … 4 個
きくらげ（乾燥）…. 10g ⇒水で戻し、堅い部分を切り落とす
しょうが（薄切り）… 1 片
豆腐（食べやすい大きさに切る）… 1 丁
好みの野菜（豆苗、小松菜など）… 適量
薄口醤油 … 60mℓ
酒 … 60mℓ
［ 鶏だんご ］
鶏ひき肉 … 200g
塩 … 小さじ ¼
しょうが（すりおろす）… 1 片
酒 … 大さじ 1½
長ねぎ（みじん切り）… 5cm

1 鶏だんごを作る。ボウルに鶏ひき肉と塩を加えて、粘りが出るまで練る。しょうがと酒を加えてさらに練り、長ねぎを加えて混ぜ、一口大に丸める。
2 鍋に鰹だし、干ししいたけと戻し汁、酒、クコの実、なつめ、きくらげを入れて火にかけ、沸いたら薄口醤油としょうがを加える。
3 豆腐と 1 を加え、火が通ったら野菜を加える。

Point

- 豆腐は絹ごしでも木綿でも好みで。
- 〆には麺がおすすめ。
- 途中でラー油を加えると味の変化を楽しめる。
- なつめはスープにエキスが出るので、食べなくても OK。

体のしんから ぽっかぽか

寒さが増してくる頃に恋しくなる鍋焼きうどん。こんな韓国風の味つけもレパートリーに加えておくと、献立に困ったときに重宝します。見た目よりも辛さはマイルド。「鰹枯節」と納豆の風味によって、箸が止まらないおいしさです。

韓国風鍋焼きだしうどん

材料（1人分）
鰹だし（枯節）… 500mℓ
豚バラ薄切り肉（5cm長さに切る）… 80g
納豆 … 50g
冷凍うどん … 1玉
卵 … 1個
A｜酒 … 大さじ1
　｜みりん … 小さじ2
B｜大根（5mm角の細切り）… 3cm
　｜長ねぎ（小口切り）… 15cm
　｜にんにく（つぶす）… ½片
C｜しょうが（すりおろす）… ½片
　｜韓国唐辛子（粗びき）… 小さじ2
　｜ごま油 … 大さじ1
　｜味噌 … 20g
白炒りごま … 小さじ1
細ねぎ（小口切り）… 適量

1 鍋に鰹だしとA、Bを入れて火にかけ、煮立ったら弱めの中火で10分煮る。
2 大根が柔らかくなったら、豚肉と納豆、Cを加える。アクを取りながらさらに10分煮る。
3 冷凍うどんを加えて5分煮て、卵を割り入れてさらに3分煮る。白ごまと細ねぎを散らす。

Point

- 疲れた日の夕飯や夜食、風邪ぎみの日にもおすすめ。

メニュー別INDEX

=枯節使用／●=荒節使用

汁もの
←

卵パセリだしスープ（p.20）

レンズ豆の
だしスープ（p.26）

だしで作る
モロッコスープ（p.32）

新玉ねぎの
だしポタージュ（p.36）

菜の花とポーチドエッグの
だしスープ（p.38）

スイカ入り
だしガスパチョ（p.66）

オクラの冷たい
だしスープ（p.68）

パプリカの
だしポタージュ（p.74）

きのこの
だしポタージュ（p.90）

きのこの
薬膳だしスープ（p.96）

だしブイヤベース（p.100）

かぶとチキンのだし
クリームスープ（p.104）

きのこのだし酸辣湯（p.108）

ブロッコリーの
だしポタージュ（p.112）

白菜のだしポタージュ（p.118）

肉のおかず
←

チキンだし南蛮（p.18）

チキンのビネガー
だし煮込み（p.24）

麻婆トマトだし豆腐（p.28）

だしロールキャベツ（p.48）

三つ葉のだし
ポルペッティ（p.52）

カレートマト
だし肉じゃが（p.84）

れんこんのだし酢豚（p.92）

だし煮込み
ハンバーグ（p.98）

大根と豚肉の
花椒だし炒め（p.106）

チキンのだしフリカッセ（p.110）

魚介のおかず
←

グリーンピースと
サワラのだしブレゼ（p.44）

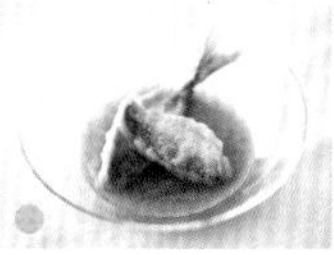
アジのフリット
きゅうりだし酢添え（p.64）

サーモンの
だし南蛮漬け（p.94）

イカと里いもの
だし梅煮（p.102）

野菜のおかず
←

夏野菜のだしチヂミ（p.70）

カリフラワーとマカロニの
だしグラタン（p.114）

料理・スタイリング

冷水希三子　ヒヤミズキミコ

料理家。季節ごとの味を大切にした、美しい料理に定評がある。

書籍や雑誌、広告などで、料理にまつわるコーディネート、スタイリング、
レシピ制作を手がけるほか、ブランドやメーカーの商品・メニュー開発のディレクションも。

著書に『ハーブのサラダ』（アノニマ・スタジオ）、『スープとパン』（グラフィック社）などがある。

https://kimiko-hiyamizu.com

撮　影　新居明子（p.3, 7 ～ 16, 22, 26 ～ 30, 36 ～ 44, 56, 66 ～ 69, 72 ～ 76, 84, 90 ～ 92,
96 ～ 98, 104, 112 ～ 118）
河内 彩（p.5, 18 ～ 20, 24, 32 ～ 35, 46 ～ 55, 58 ～ 64, 70, 78 ～ 82, 86 ～ 89, 94,
100 ～ 102, 106 ～ 110, 120 ～ 124）
デザイン　福間優子
イラスト　津村仁美（p.6）
取材・テキスト　藤井志織、松田美保
編　集　藤井志織
小林まりえ（オレンジページ）

だし専門店「やいづ善八」が提案

自由なだしレシピ

2024 年 4 月 11 日　第 1 刷発行

発行人　鈴木善行
発行所　株式会社オレンジページ
〒 108-8357　東京都港区三田 1-4-28　三田国際ビル
03-3456-6672（ご意見ダイヤル）
03-3456-6676（販売 書店専門ダイヤル）
0120-580799（販売 読者注文ダイヤル）
印　刷　図書印刷株式会社　Printed in Japan

本書は、だしの専門店「やいづ善八」公式サイトより記事を抜粋し、加筆・修正したものです。
だしの専門店「やいづ善八」公式サイト
https://www.yaizu-zempachi.jp/